LISTA DE MATERIALES A UTILIZAR

- Goma en barra / Tijera / Colores
- Algodón
- Retazos de tela peluche (rojo, marrón)
- Lana (rojo, amarillo)
- Crayolas
- Plumas
- Granos de arroz
- Témperas
- Esponja dunlopillo
- Papel de revista
- Palitos de helado
- 1 Lija pequeña
- Escarcha
- Papel seda
- Plastilina

¿QUIÉN ES?

Pega una fotografía de tu mamá.

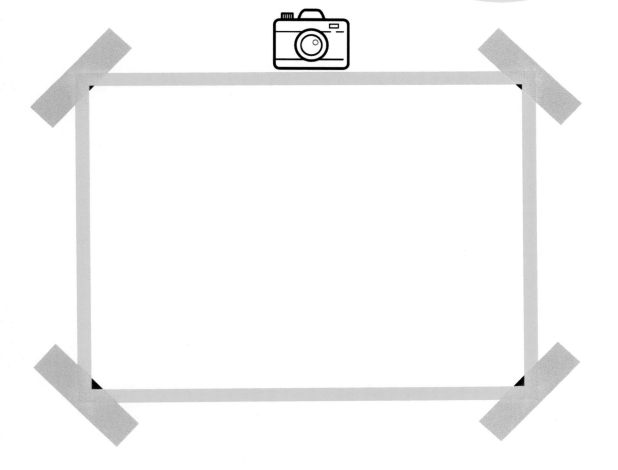

Mi mamá: _____

 # TRABAJO DE ESTIMULACIÓN 1 A 3 AÑOS

¿QUIÉN ES?

Pega una fotografía de tu papá.

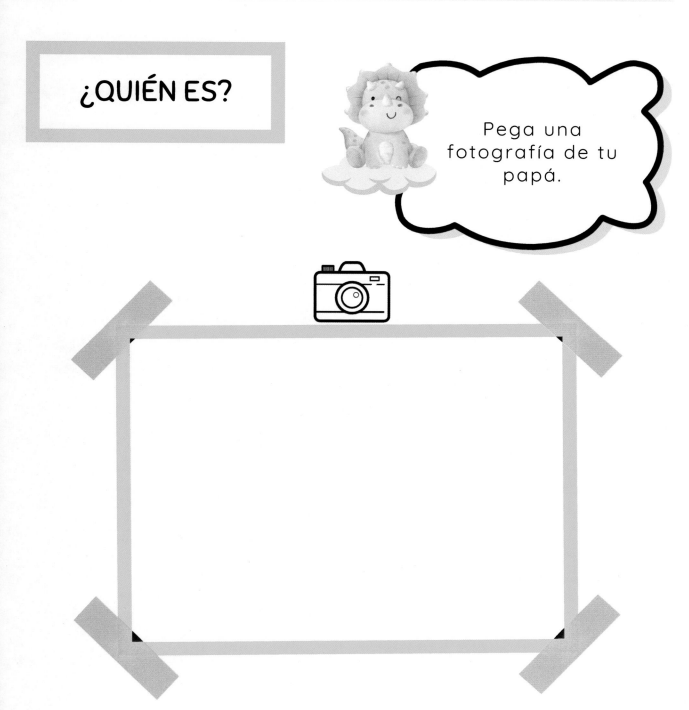

Mi papá: _____

¿QUIÉN ES?

Pega tu fotografía.

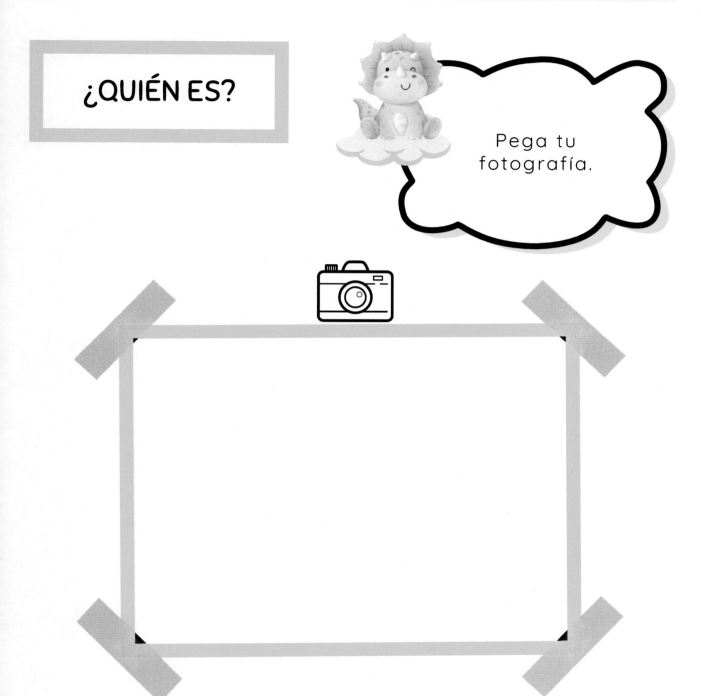

Yo _____

IMITA EL GESTO Y REPITE EL SONIDO

E

IMITA EL GESTO Y REPITE EL SONIDO

I

IMITA EL GESTO Y REPITE EL SONIDO

i

IMITA EL GESTO Y REPITE EL SONIDO

IMITA EL GESTO Y REPITE EL SONIDO

Papá y/o mamá señala y nombra la figura en voz alta. Luego emite el sonido y anima al niño a que repita con ella.

CARRO

TIIII   TIIII

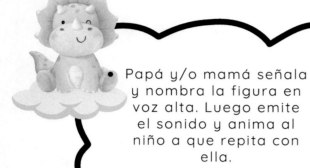

Papá y/o mamá señala y nombra la figura en voz alta. Luego emite el sonido y anima al niño a que repita con ella.

AVIÓN

BUU BUU

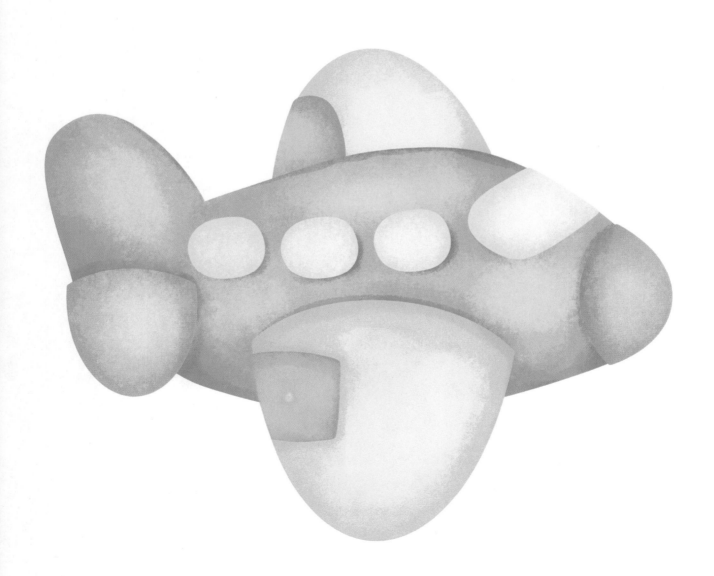

Papá y/o mamá señala y nombra la figura en voz alta. Luego emite el sonido y anima al niño a que repita con ella.

CABALLO

HIIII   HIIII

Papá y/o mamá señala y nombra la figura en voz alta. Luego emite el sonido y anima al niño a que repita con ella.

ABEJA

BZZZ   BZZZ

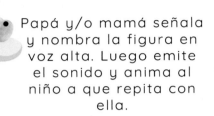

Papá y/o mamá señala y nombra la figura en voz alta. Luego emite el sonido y anima al niño a que repita con ella.

LOBO

AUUU AUUU

Papá y/o mamá señala y nombra la figura en voz alta. Luego emite el sonido y anima al niño a que repita con ella.

CAÑÓN

¡ PUM!

Papá y/o mamá señala y nombra la figura en voz alta. Luego emite el sonido y anima al niño a que repita con ella.

SERPIENTE

SSSSSS

Papá y/o mamá señala y nombra la figura en voz alta. Luego emite el sonido y anima al niño a que repita con ella.

TREN

CHUUU CHUUU

Papá y/o mamá señala y nombra la figura en voz alta. Luego emite el sonido y anima al niño a que repita con ella.

PAVO

GLU GLU

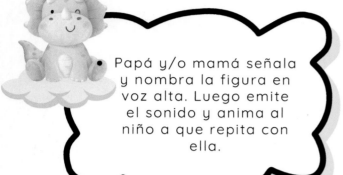

Papá y/o mamá señala y nombra la figura en voz alta. Luego emite el sonido y anima al niño a que repita con ella.

CAMPANAS

DING DONG

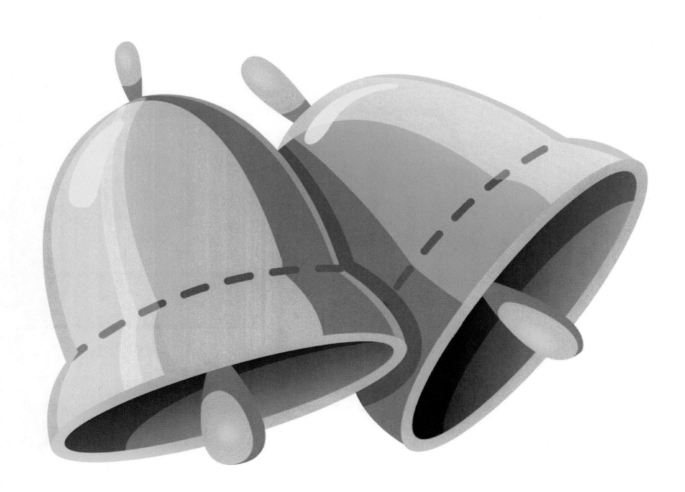

Papá y/o mamá señala y nombra la figura en voz alta. Luego emite el sonido y anima al niño a que repita con ella.

AMBULANCIA

¡NI NO! ¡NI NO!

Papá y/o mamá señala y nombra la figura en voz alta. Luego emite el sonido y anima al niño a que repita con ella.

GRILLO

CRI CRI

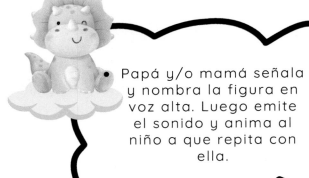

Papá y/o mamá señala y nombra la figura en voz alta. Luego emite el sonido y anima al niño a que repita con ella.

MOTO

BRUM BRUM

Papá y/o mamá señala y nombra la figura en voz alta. Luego emite el sonido y anima al niño a que repita con ella.

GALLO

¡QUIQUIRIQUÍ!

Papá y/o mamá señala y nombra la figura en voz alta. Luego emite el sonido y anima al niño a que repita con ella.

RANA

CROAC CROAC

Papá y/o mamá señala y nombra la figura en voz alta. Luego emite el sonido y anima al niño a que repita con ella.

TELÉFONO

RING RING

- Papá y/o mamá realizan las preguntas, el niño(a) responde según indica.
- Luego pega retazos de tela peluche en el perro.

¿QUÉ ANIMAL ES?
– Es un perro

¿QUÉ SONIDO EMITE?
– Dice gua guau

- Papá y/o mamá realizan las preguntas, el niño(a) responde según indica.
- Arruga papel sedita y pega en el gato.

¿QUÉ ANIMAL ES?
– Es un gato

¿QUÉ SONIDO EMITE?
– Dice miau miau

TRABAJO DE ESTIMULACIÓN 1 A 3 AÑOS

Papá y/o mamá realizan las preguntas, el niño(a) responde según indica.
Luego pinta con témpera amarillo.

¿QUÉ ANIMAL ES?
– Es un pato

¿QUÉ SONIDO EMITE?
– Dice cua cua cua

- Papá y/o mamá realizan las preguntas, el niño(a) responde según indica.
- Luego, con la ayuda de papi y/o mami, pega plumas en el cuerpo del pollito.

¿QUÉ ANIMAL ES?
– Es un pollo

¿QUÉ SONIDO EMITE?
– Dice pío pío pío

Papá y/o mamá realizan las preguntas, el niño(a) responde según indica. Luego coloca tus huellitas con témpera rosada en el cerdo.

¿QUÉ ANIMAL ES?
– Es un cerdo

¿QUÉ SONIDO EMITE?
– Dice oink oink

- Papá y/o mamá realizan las preguntas, el niño(a) responde según indica.
- Con ayuda de papi y/o mami pega algodón en el cuerpo de la oveja.

¿QUÉ ANIMAL ES?
– Es una oveja

¿QUÉ SONIDO EMITE?
– Dice beeee

- Papá y/o mamá realizan las preguntas, el niño(a) responde según indica.
- Coloca tus huellitas con témpera negra en las manchas de la vaca.

¿QUÉ ANIMAL ES?
– Es una vaca

¿QUÉ SONIDO EMITE?
– Dice muuuuuuuu

RESPONDEMOS
SÍ O NO

El adulto realiza las preguntas y el niño responde con SÍ O NO.

¿Al ratón le gusta el queso?

¿La pelota es cuadrada?

¿El perro dice cua – cua?

¿Es azúcar es dulce?

¿La rana puede saltar?

¿Al pingüino le gusta el calor?

¿Los peces viven en el océano?

COMPRENSIÓN AUDITIVA

RESPONDEMOS
SÍ O NO

El adulto realiza las preguntas y el niño responde con SÍ O NO.

¿La vaca puede volar?

¿Hay que lavarse las manos antes de comer?

¿Un carro puede ir por el mar?

¿La cama sirve para dormir?

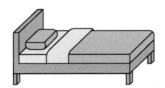

¿Los monos viven en el mar?

¿En verano hace calor?

¿Los zapatos se ponen en la mano?

¿La gallina pone huevos?

CUENTO

Mami y/o papi leen el texto. El niño interpreta las imágenes.

Había una vez un

su amigo era un

juntos fueron a comer

y luego

CUENTO

Mami y/o papi leen el texto. El niño interpreta las imágenes.

Las  viven en el

En la  disfrutan ver la

Y en el  les gusta

CUENTO

Mami y/o papi leen el texto. El niño interpreta las imágenes.

Mi  tiene un

Su  come  y toma

Juega con  Y

en el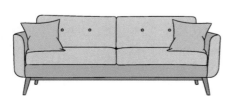

CUENTO

Mami y/o papi leen el texto. El niño interpreta las imágenes.

El  le dijo al

que compre dos

El  compró una

y cuatro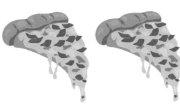

Repite las rimas con ayuda de papi y/o mami Luego realiza la acción que te pide cada animalito.

RIMAS DE LOS ANIMALES

Dice la mariposa Luisa que batas los brazos deprisa

Los ositos quieren que nos relajemos cerrando los ojitos.

Dice la cebra Camila que mires hacia arriba.

El pollito Juanito dice que brinques un ratito.

Repite las rimas con ayuda de papi y/o mami Luego realiza la acción que te pide cada animalito.

RIMAS DE LOS ANIMALES

Dice la vaca Pepita que saltes con una patita.

Dice el elefante que corras hacia adelante.

El tigre Mathías dice que hagas palmas que tienes las manos frías.

El mono Pepito, manda que camines hacia atrás muy despacito.

Repite las rimas con ayuda de papi y/o mami Luego realiza la acción que te pide cada animalito.

RIMAS DE LOS ANIMALES

Dice el caballo Ramón, que grites como un león.

El cocodrilo Emiliano dice levanta una mano.

El pulpo Andrés dice que te toques los pies.

El leopardo Gerardo te invita a saltar muy alto.

CANCIÓN

Con ayuda de papi y/o mami aprende esta canción. El adulto lee el texto y el niño(a) nombra las imágenes. .

Debajo de un ⊙ , ton, ton

que encontró Martín, tin, tin

Había un 🐭 , ton ,ton,

Ay, que chiquitín, tin, tin.

Ay que chiquitín, tin, tin

era aquel 🐭 , ton, ton que

encontró Martín, tin, tin

debajo de un ⊙ , ton, ton.

Pega retazos de tela peluche color marrón en el cuerpo del conejo.

"Suave" como la caricia de mamá.

Pega pedazos de lija en el cocodrilo.

"Áspero" como un lindo cocodrilo

Pega palitos de chupete sobre la puerta.

"Duro" como una puerta

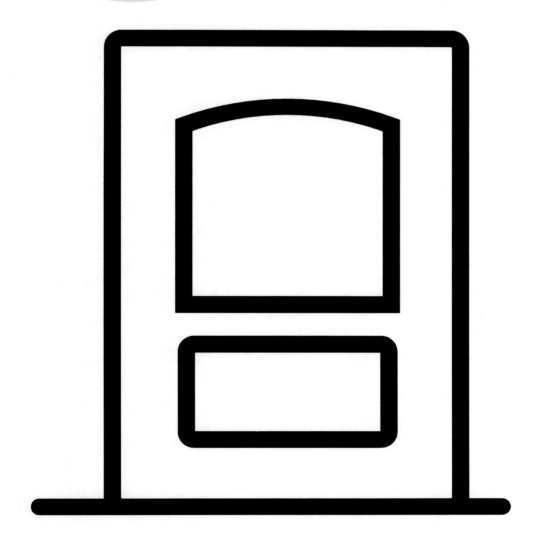

Pega pedacitos de esponja dunlopillo sobre la almohada.

"Blando" como una almohada

SOY DE COLOR ROJO

Pega retazos de tela peluche color rojo dentro del corazón.

SOY DE COLOR
AZUL

Coloca tus huellitas con témpera azul en la ballena.

SOY DE COLOR AMARILLO

Pinta arroz con témpera amarilla, luego pégalo en el sol.

SOY DE COLOR VERDE

Pinta tus deditos con témpera de color verde. Luego imprime tus huellitas sobre el sapo.

¿QUÉ ES?

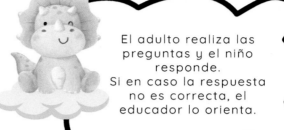

El adulto realiza las preguntas y el niño responde.
Si en caso la respuesta no es correcta, el educador lo orienta.

 ⟶ ¿Qué es?
¿Dónde vive?

 ⟶ ¿Qué es?
¿Dónde nos lo ponemos?

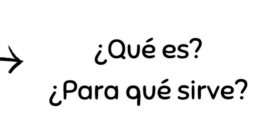 ⟶ ¿Qué es?
¿Para qué sirve?
¿Es frío o caliente?

 ⟶ ¿Qué es?
¿Qué guardarías?

¿QUÉ ES?

El adulto realiza las preguntas y el niño responde.
Si en caso la respuesta no es correcta, el educador lo orienta.

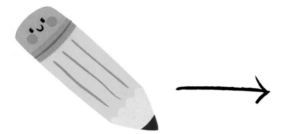

¿Qué es?
¿Para qué sirve?

¿Qué es?
¿Para qué sirve?
¿Cómo se utiliza?

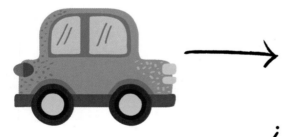

¿Qué es?
¿Cuántas ruedas tiene?
¿Va por tierra, mar o aire?

¿Qué es?
¿Para qué sirve?

¿QUÉ ES?

El adulto realiza las preguntas y el niño responde.
Si en caso la respuesta no es correcta, el educador lo orienta.

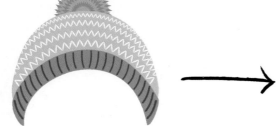

¿Qué es?
¿En qué parte del cuerpo te lo colocas?

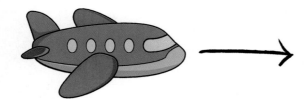

¿Qué es?
¿Va por la tierra, mar o aire?

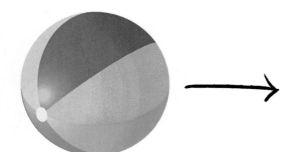

¿Qué es?
¿Para qué sirve?

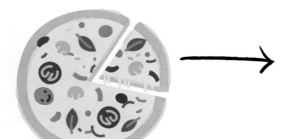

¿Qué es?
¿Para qué sirve?
¿Es dulce o salado?

Preguntar a su pequeño(a) que observa en la imagen. Luego leer las acciones señalando cada palabra. Finalmente emitir el sonido de cada acción.

ONOMATOPEYAS

El niño siente frío.

¡BRRRR – BRRRR!

Preguntar a su pequeño(a) que observa en la imagen. Luego leer las acciones señalando cada palabra. Finalmente emitir el sonido de cada acción.

ACCIONES

El niño se baña.

"Shhhh"

Preguntar a su pequeño(a) que observa en la imagen. Luego leer las acciones señalando cada palabra. Finalmente emitir el sonido de cada acción.

ACCIONES

El niño toma agua.

"glupglup"

Preguntar a su pequeño(a) que observa en la imagen. Luego leer las acciones señalando cada palabra. Finalmente emitir el sonido de cada acción.

ACCIONES

El niño duerme.

"Zzzzzz"

Preguntar a su pequeño(a) que observa en la imagen. Luego leer las acciones señalando cada palabra. Finalmente emitir el sonido de cada acción.

ACCIONES

El niño come sandía.

"humhum"

Preguntar a su pequeño(a) que observa en la imagen. Luego leer las acciones señalando cada palabra. Finalmente emitir el sonido de cada acción.

ACCIONES

La niña aplaude

"clap clap"

¿QUÉ FIGURA ES?

Pasa tu dedito índice alrededor del círculo. Luego pega lana picada color amarillo dentro de la figura.

A BUSCAR EL CÍRCULO

Colorea con tu crayola las imágenes que tienen forma de círculo.

¿QUÉ FIGURA ES?

Pasa tu dedito índice alrededor del cuadrado. Luego pega con palitos de chupete sus contornos.

A BUSCAR
CUADRADOS

Pega escarcha en los
cuadrados que
encuentres.

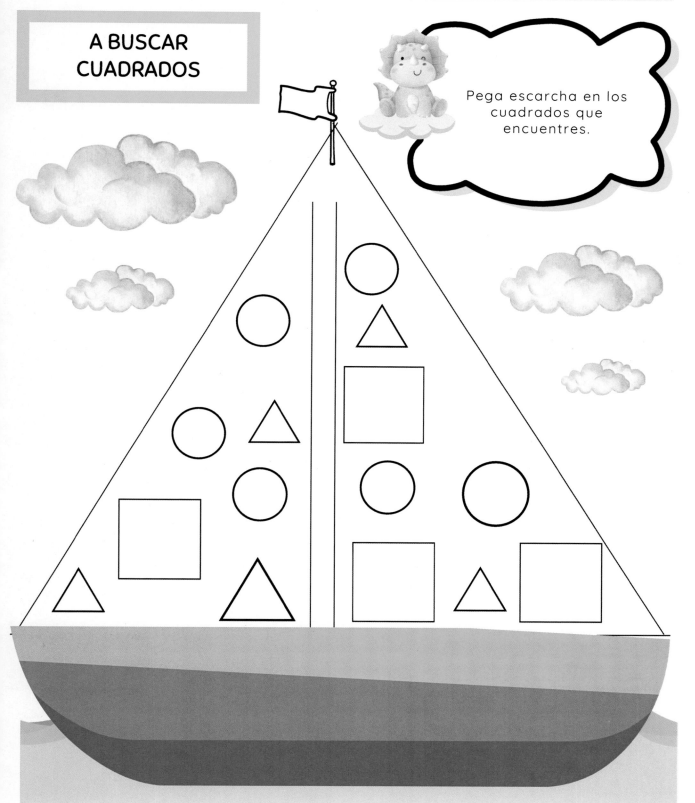

¿QUÉ FIGURA ES?

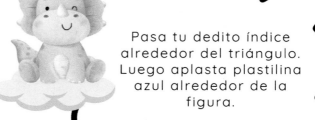

Pasa tu dedito índice alrededor del triángulo. Luego aplasta plastilina azul alrededor de la figura.

A BUSCAR
TRIÁNGULOS

Pega lana picada color
rojo en los triángulos.

RIMA

Lorena, la ballena, nada en el mar como una sirena.

Con ayuda de papi y/o mami aprende esta rima y practica diariamente . Luego pinta con témpera la ballena.

RIMA

El trencito chu chu
nunca deja de silbar,
cuando vamos por el
parque siempre pasa
sin parar.

Con ayuda de papi y/o
mami aprende esta rima y
practica diariamente .
Luego pega recortes de
revista en el trencito.

ADIVINANZA

Rabo cortito y orejas largas, corro y salto muy ligerito ¿Quién soy?

RESPUESTA: CONEJO

Con ayuda de papi y/o mami pega una figura de la respuesta correcta.

ADIVINANZA

Soy verde,
Me gusta saltar,
Jugar en el charco
Y también se croar.
¿Quién soy…?
RESPUESTA: RANA

Con ayuda de papi y/o mami aprende la adivinanza. Luego pega una figura de la respuesta correcta.

GRANDE – PEQUEÑO

Pega lana picada en el animal más grande y colorea el más pequeño.

ENCIMA – DEBAJO

Colorea lo que está encima de la mesa y señala lo que está debajo.

JUGANDO CON SÍLABAS

Colorea tantos recuadros como sílabas tenga la palabra. Trabaja con ayuda de tus manitos dando palmadas.

Sol

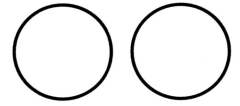

Pez

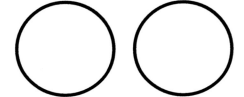

Sal

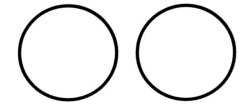

Pan

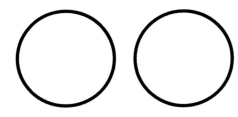

JUGANDO CON SÍLABAS

Pega tantas bolitas de papel dentro de cada círculo como sílabas tenga la palabra. Trabaja con ayuda de tus manos dando palmadas.

 Gato

 Pato

 Loro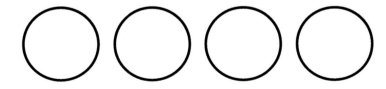

 Vaca

¡LO HAS HECHO GENIAL!

Made in the USA
Columbia, SC
30 April 2024

e4e4ec53-5950-4d99-ae04-0ea36fd6be07R01